D1694700

© 1996 für diese Sonderausgabe und © 1981 für die Originalausgabe
Nord-Süd Verlag AG, Gossau Zürich, Hamburg und Salzburg
Alle Rechte vorbehalten
Druck: Editoriale Bortolazzi-Stei, San Giovanni Lupatoto
ISBN 3 314 00744 2

PIRO UND DIE FEUERWEHR

Eine Geschichte von Kurt Baumann
mit Bildern von Jiří Bernard

Nord-Süd Verlag

In unserer Straße wohnte ein Junge. Er hieß Piro.
Seine Eltern lebten getrennt. So war er oft allein zu Hause
und spielte im Garten. Im Garten stand ein richtiges
Hundehaus, und Piro hatte eine ganze Menge kleiner Hunde.

Aber es waren keine richtigen Hunde; sie bellten nicht richtig, sie sprangen nicht richtig, und sie fraßen nicht richtig. Wenn Piro ihnen zu essen brachte, mußte er den größten Teil davon selber essen. Das tat er heimlich, damit niemand merkte, daß seine Hunde keine richtigen waren. Piros Hunde waren nämlich aus Stoff.

Im Haus neben Piro wohnte der Feuerwehrhauptmann.
Er hatte eine prächtige Uniform mit goldenen Tressen.
Die Knöpfe funkelten auf der Brust, und auf dem Kopf saß
ihm ein lustiger blauer Helm. Immer wenn er Piro
erblickte, winkte er freundlich. Und Piro war stolz darauf.

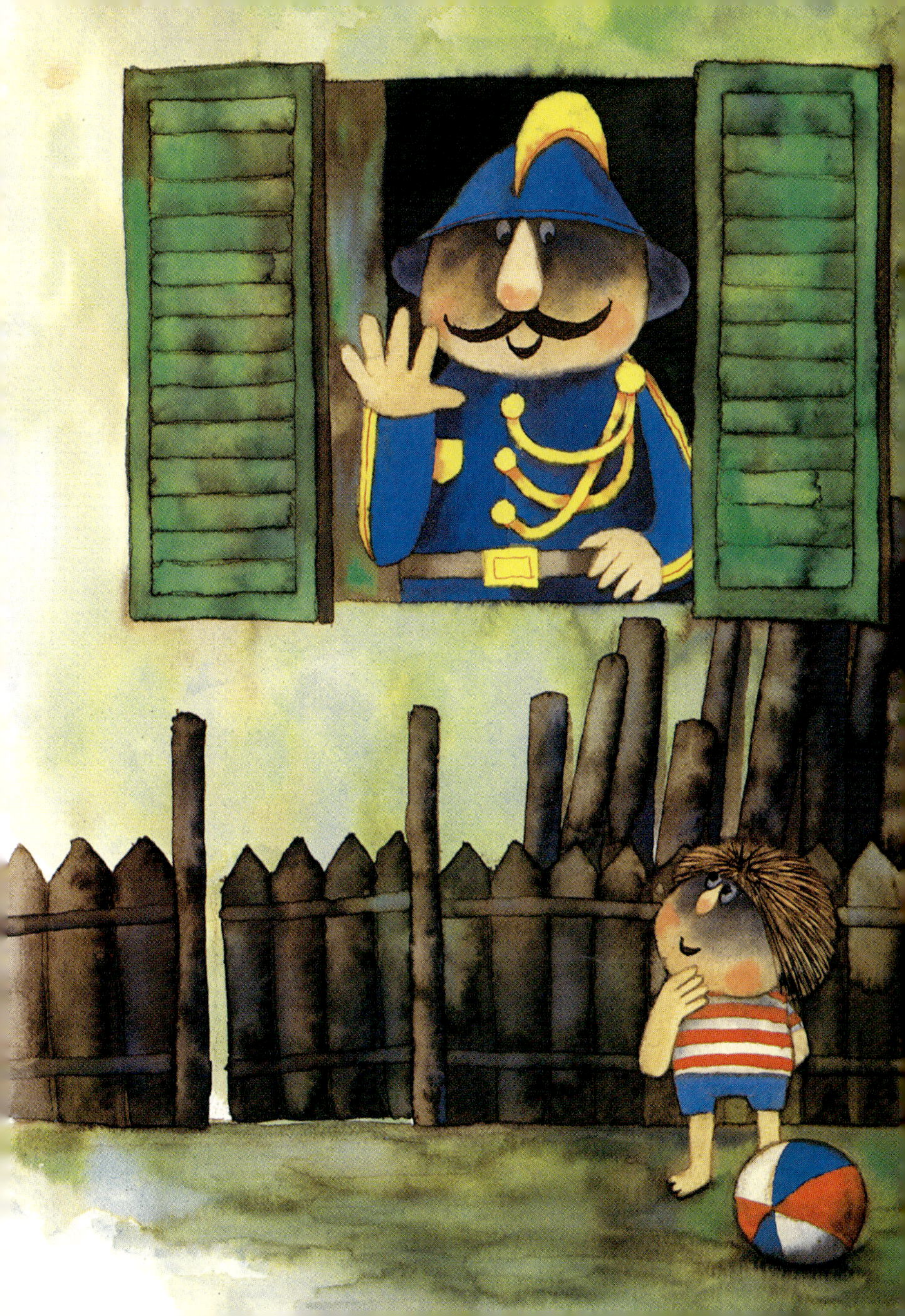

Piro hatte noch eine kleine Dampfwalze, einen Kran, ein riesiges Dampfschiff, einen Lastwagen und eine elektrische Eisenbahn. Aber das verstaubte alles in einer Ecke, denn Piro spielte selten damit. Viel lieber lag er im Gras vor dem Hundehaus und zeigte den Hunden, wie sie springen, bellen und knurren sollten. Aber sie lernten es nie richtig. Wenn Piro nicht hinsah, rührten sie sich überhaupt nicht vom Fleck. Das ärgerte ihn sehr. Er zog ein schiefes Gesicht und schaute zu den Vögeln auf, die von Ast zu Ast hüpften. Denen muß man nichts mehr beibringen, dachte Piro.
Er hätte gerne einen lebendigen Hund gehabt.

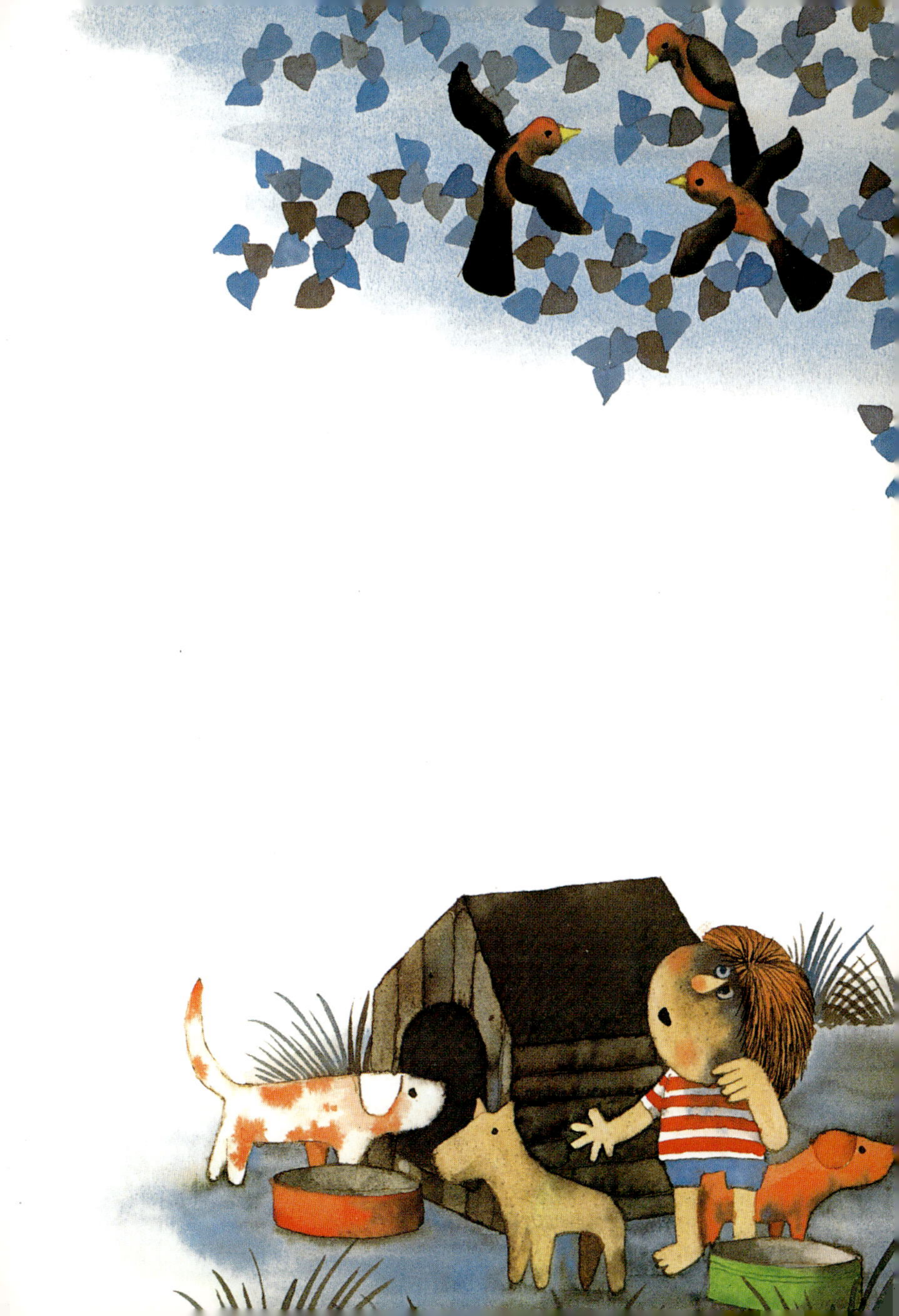

Einmal heulte eine Feuersirene. Piro eilte auf die Straße hinaus. Ein feuerrotes Auto kam herangebraust und hielt vor dem Haus des Feuerwehrhauptmanns. Überall auf dem Auto saßen Männer mit Helmen, und oben auf dem Dach war eine Leiter befestigt. Hinter dem Auto aber war etwas, das wie eine Kanone aussah. Die Spritze! dachte Piro.

Dann sprang der Feuerwehrhauptmann ins Auto, und das Auto
raste heulend davon. Piro blieb stehen. Das Auto gefiel ihm.
Lustige Leute hatten darauf gesessen und ihm zugewinkt.
Er hätte gerne mit ihnen gesprochen. Aber das ging nicht,
sie waren in Eile.

Am nächsten Tag spielte Piro nicht mit den Stoffhunden.
Er ging hinüber zum Feuerwehrhauptmann. Er zog an der
Glocke und wartete ängstlich, bis die Tür aufging.
Endlich öffnete sie sich, und ein Mann in Hosenträgern
und kariertem Hemd stand da. Piro schaute verwundert.
»Wo ist der Feuerwehrhauptmann?« fragte er.
»Der bin ich selbst«, sagte der Mann, »was willst du?«
»Ich möchte zur Feuerwehr«, sagte Piro.
Der Hauptmann lachte. »Junge«, sagte er und strich Piro
übers Haar, »dazu bist du leider noch zu klein.«
»Bitte!« flehte Piro, aber es half nichts. Piro war noch zu klein.

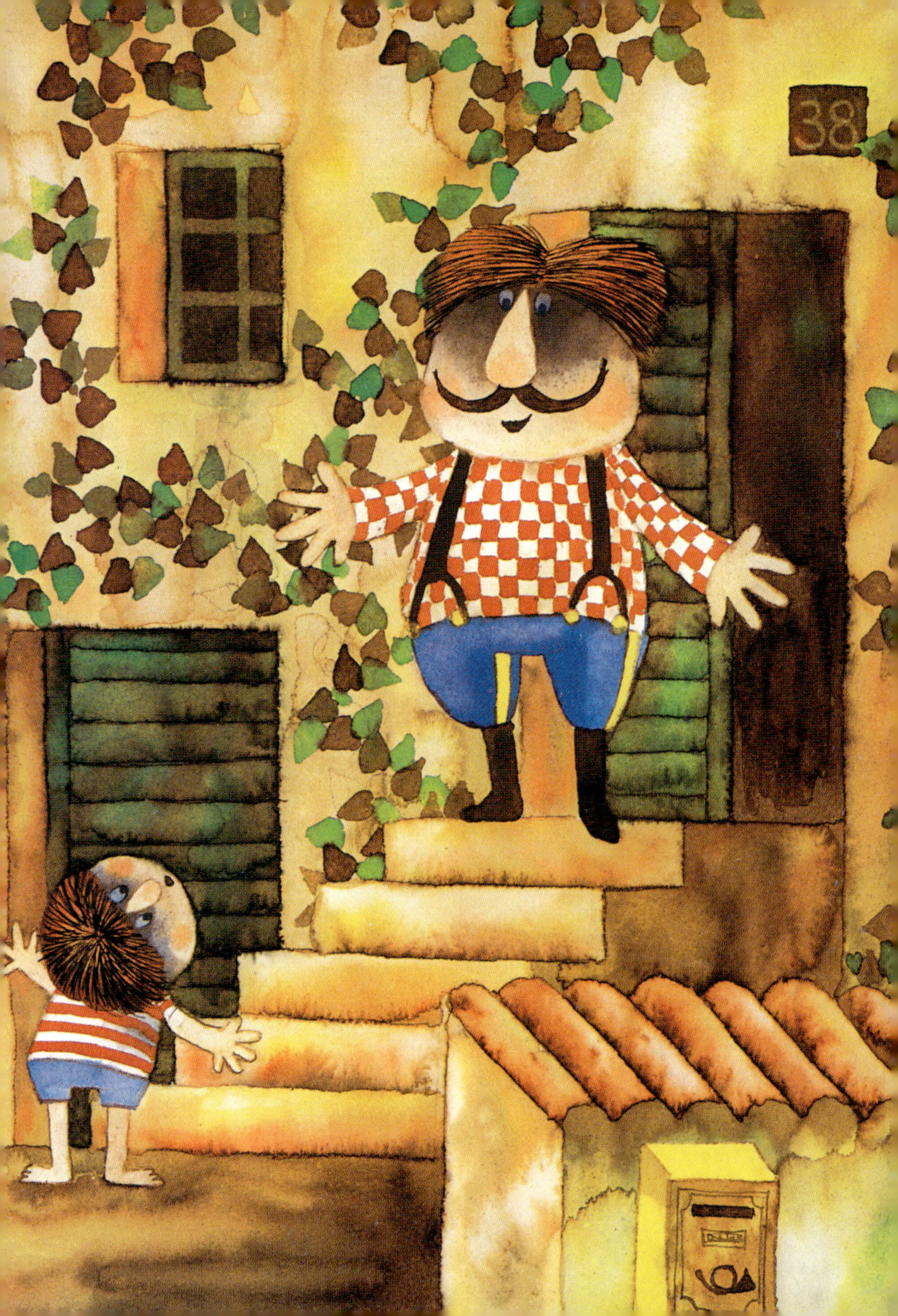
38

Piro hatte von seinem Vater Geld bekommen, weil er den Gartenzaun anstreichen sollte. Nun ging er zum Händler und kaufte feuerrote Farbe.
Als der Vater abends nach Hause kam, erschrak er.
Der ganze Zaun prangte in feuerroter Farbe, und sogar das Hundehaus war rot.
»Du bist verrückt!« sagte der Vater und runzelte die Stirn.
»Ich möchte so gern zur Feuerwehr«, schluchzte Piro.
Da mußte der Vater lachen. »Warte, bis du größer bist«, sagte er. »Gehn wir erst einmal tüchtig essen!«

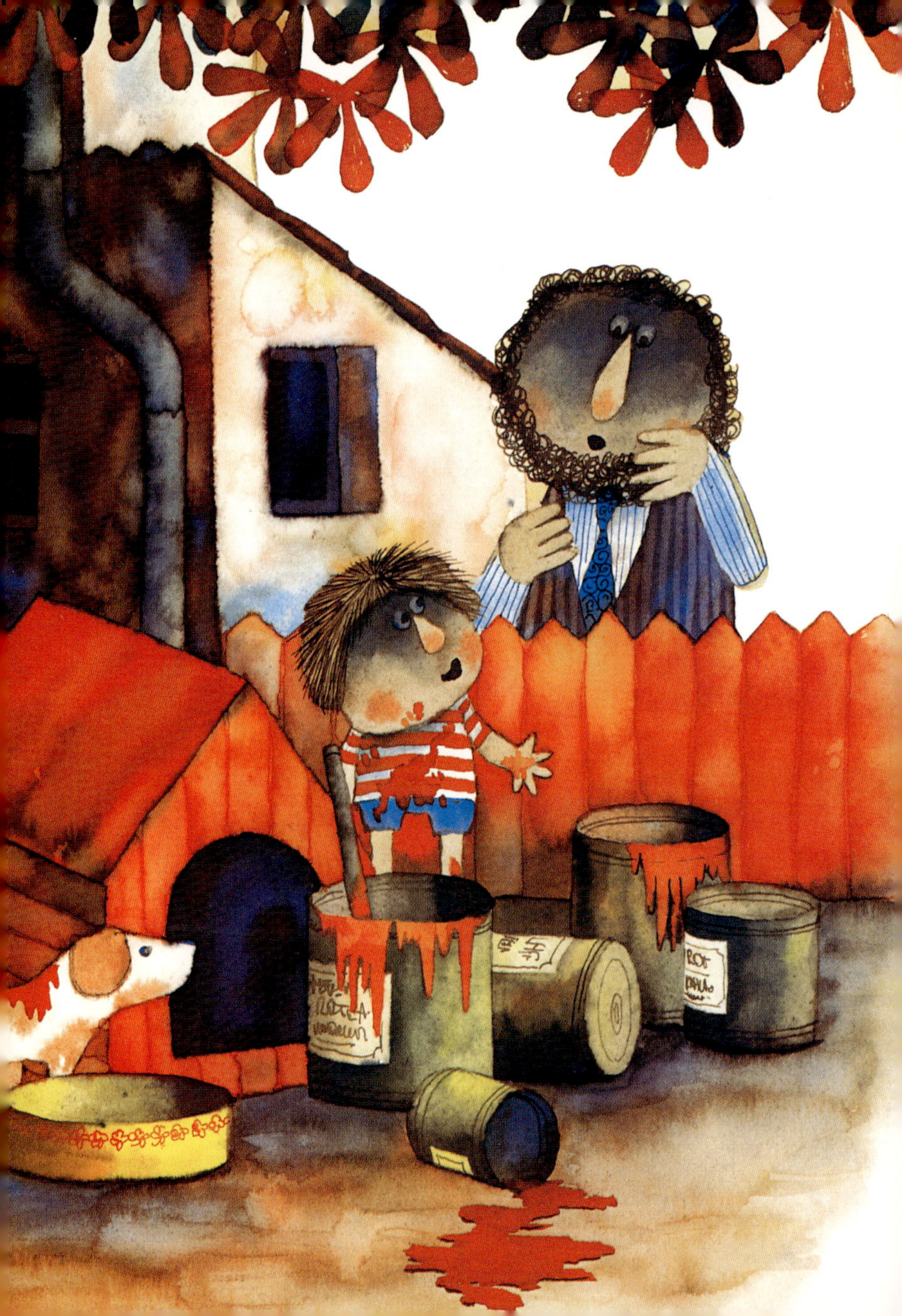
ROT

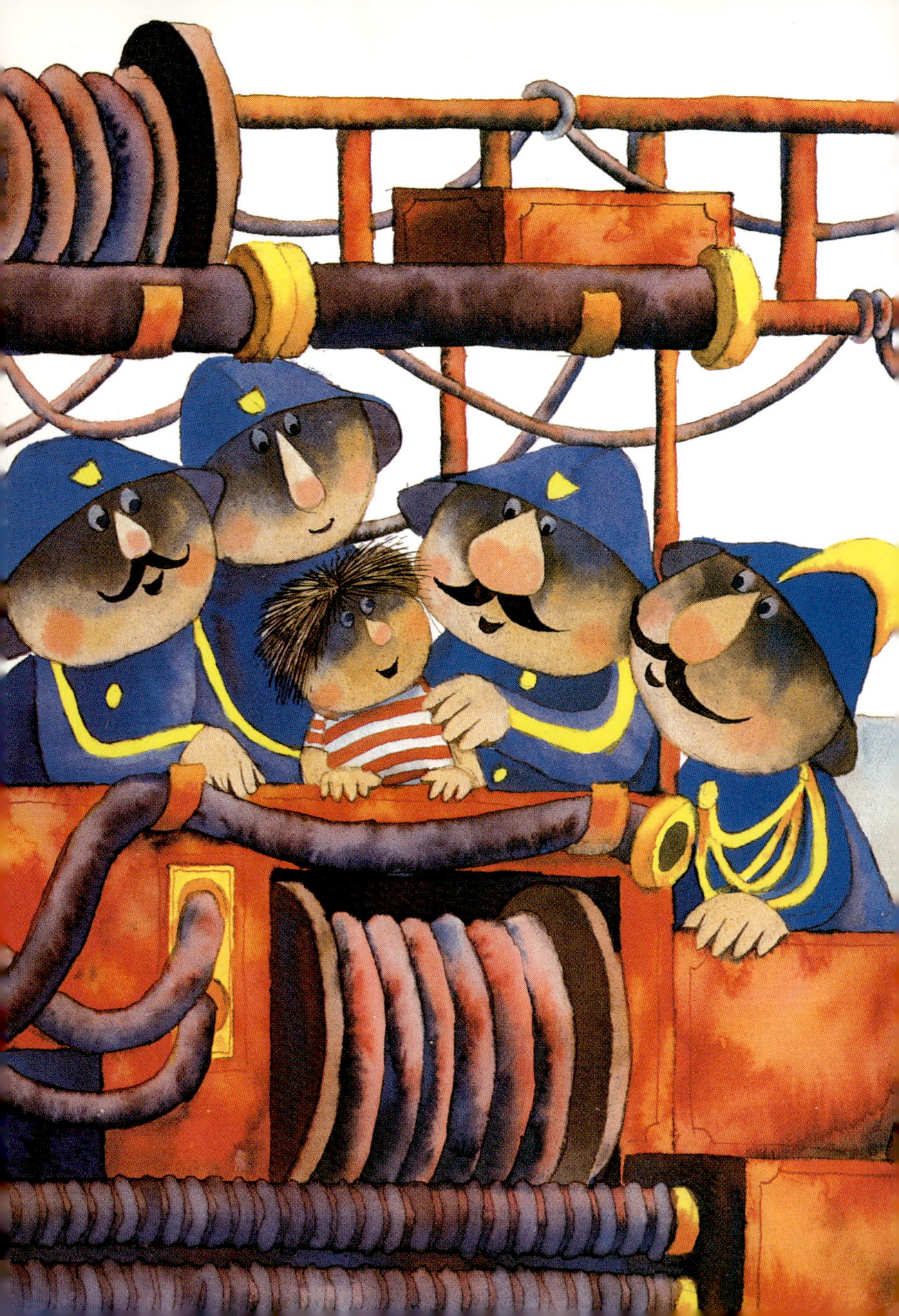

Wieder heulte die Sirene, und das Feuerwehrauto brauste um die Ecke. Piro stand am Zaun und spähte hinaus. Die Feuerwehrmänner waren verwundert, als sie den roten Zaun sahen. Dann lachten sie und winkten Piro herbei. Einer hob ihn in den Wagen und setzte ihn auf die Bank zwischen die Männer. Dann brauste das Feuerwehrauto mit Piro davon.
Immer näher kamen sie der Brandstelle. Bald kreischten die Bremsen, und das Auto stand vor dem brennenden Haus. Die Männer sprangen aus dem Wagen. Einer hielt Piro in den Armen und setzte ihn sanft auf den Boden. »Bleib hier beim Wagen!« rief er ihm zu. Dann rannten alle mit der Spritze vors Haus. Eilig wurden Schläuche gelegt, und bald prasselte das Wasser in die Flammen. Nun verstand Piro, daß er zu klein war, um mitzuhelfen. Das Feuer erschreckte ihn, und er spürte die Hitze in seinem Gesicht.

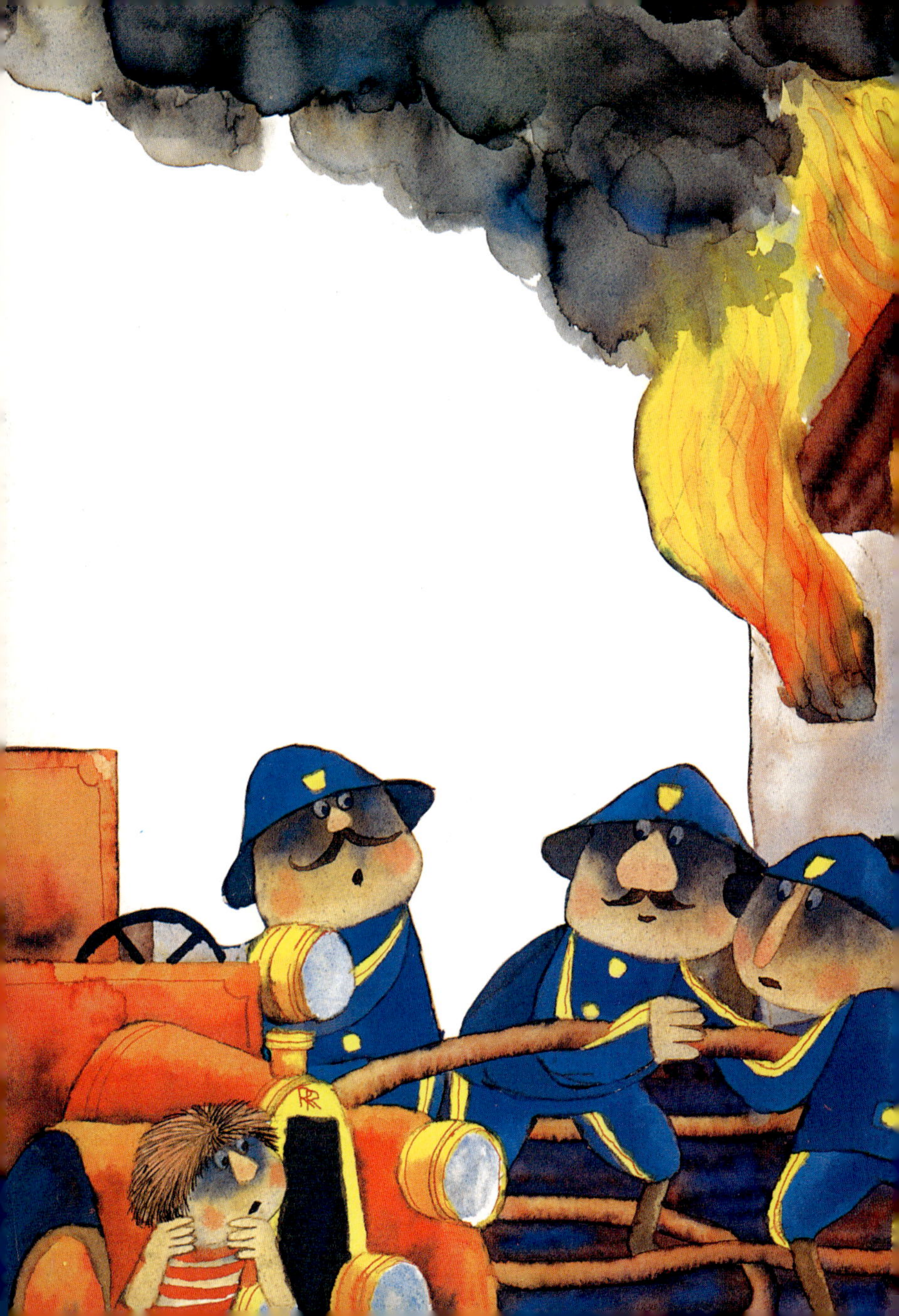

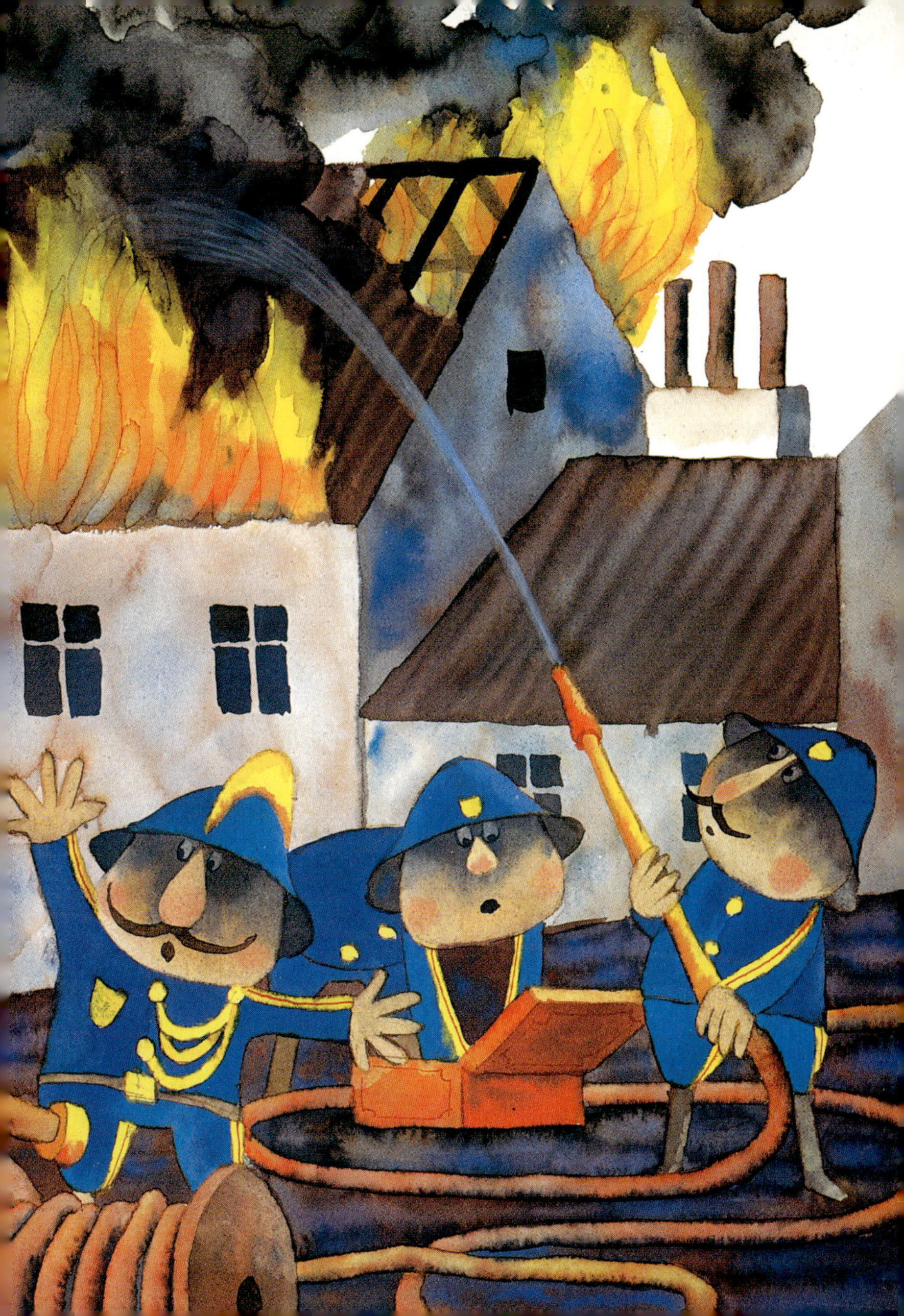

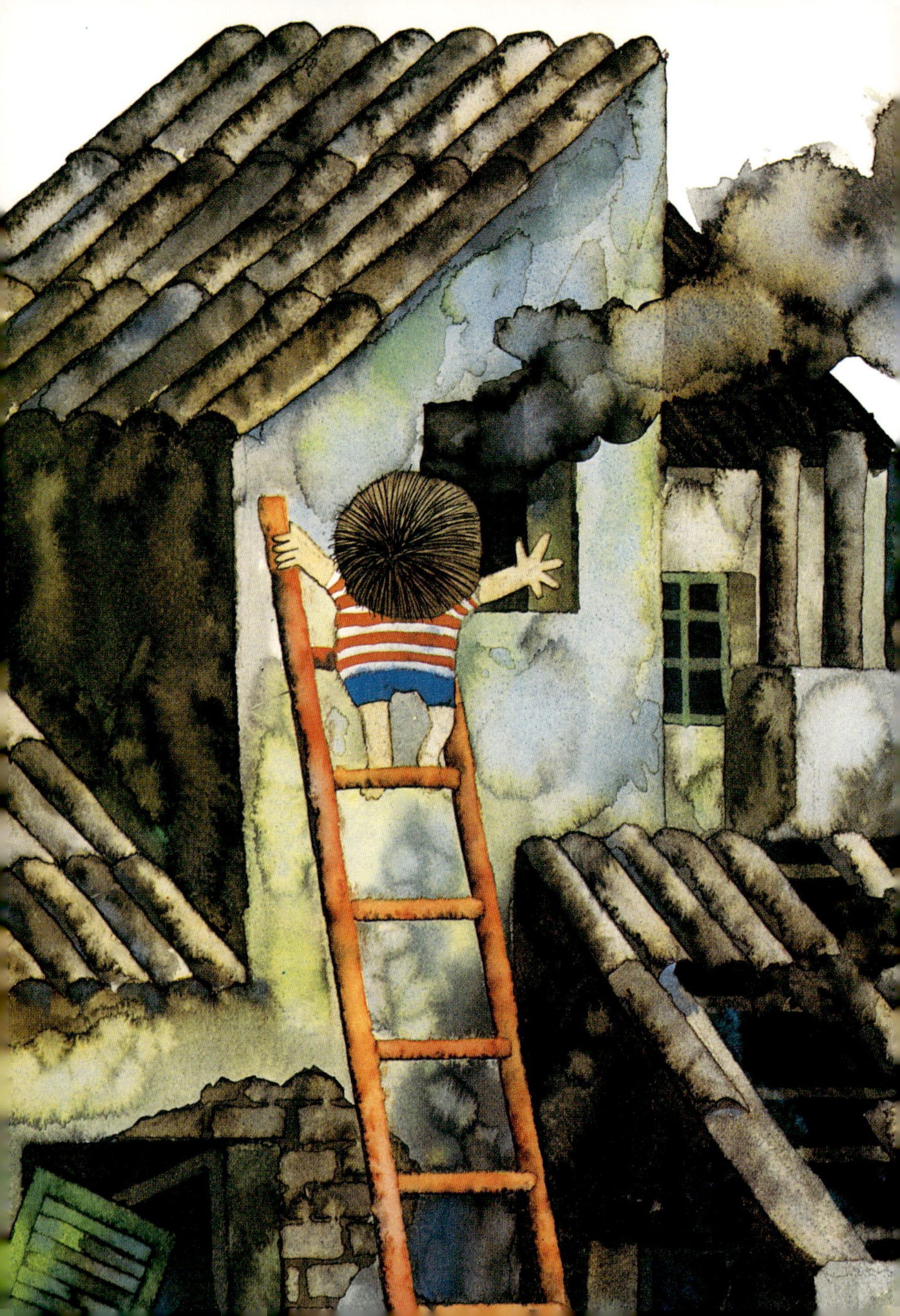

Als der Brand schon fast gelöscht war,
hörte man ein erbärmliches Klagen und
Winseln. Es kam vom oberen Stockwerk
aus einem winzigen Fenster.
Nun holten die Männer die Leiter vom Auto
und stellten sie ans Haus. Ein Feuerwehrmann hastete die Sprossen hinauf. Schon
war er beim Fensterchen angelangt. Aber
wie sehr er sich zwängte und mühte,
er konnte nicht hineingelangen. Er war
zu groß und zu dick. Enttäuscht stieg
er wieder hinunter.
»Ein kleiner Hund ist noch drin«, sagte er.

Piro hatte es gehört. Er war nicht mehr
zurückzuhalten. Bevor die Feuerwehrleute
merkten, was los war, rannte er zur Leiter
und stieg keuchend die Sprossen empor.
Eigentlich waren die Sprossen viel zu weit
auseinander, aber Piro kümmerte das
wenig. Als ihn die Männer zurückrufen
wollten, war er schon oben und stieg ins
Fenster ein.

Im Zimmer dahinter war viel Rauch, so daß Piro fast nichts sehen konnte.
Aber da sprang etwas freudig an ihm hoch, und als Piro sich bückte, sah er einen richtigen kleinen Hund.

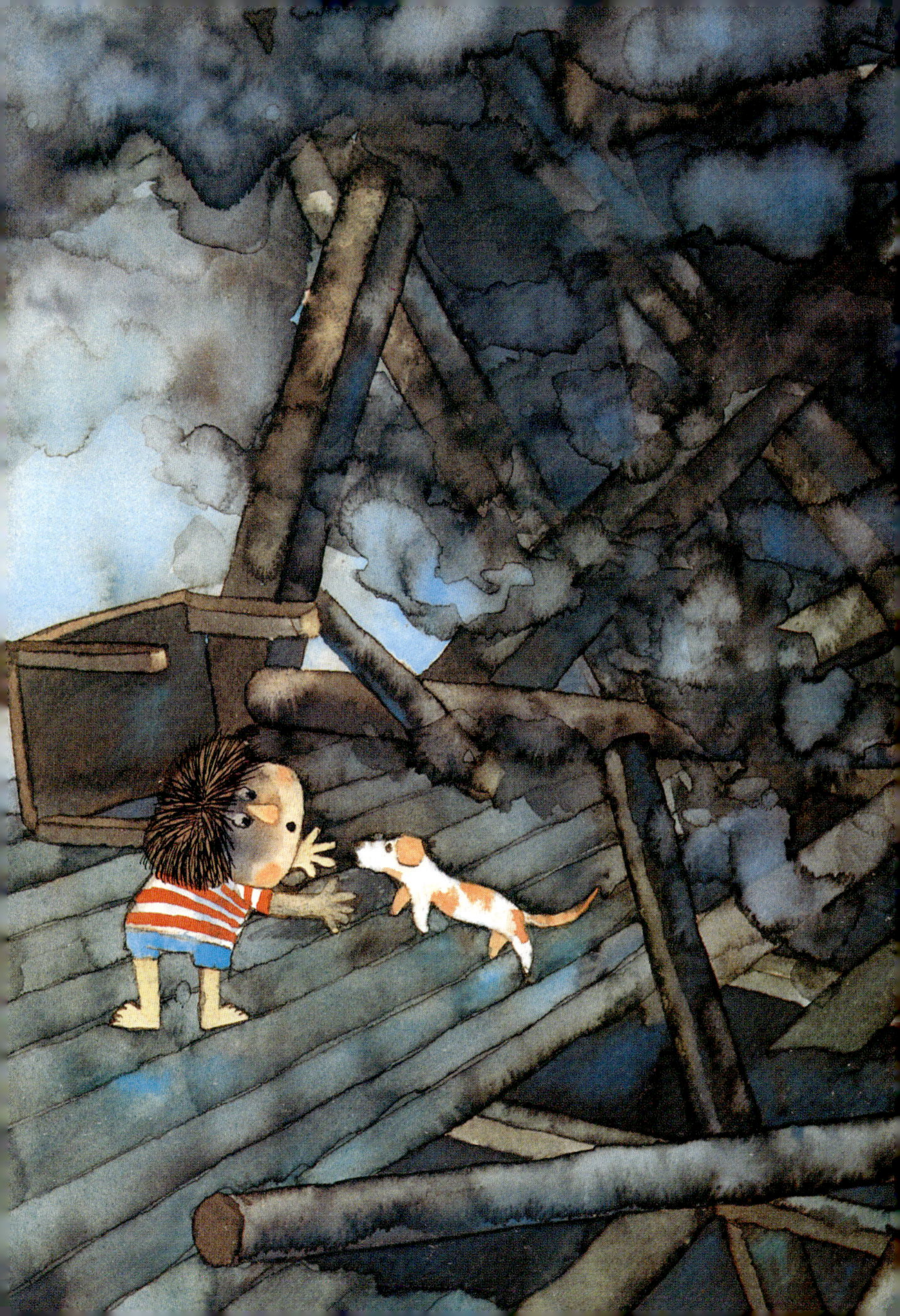

Vor dem Fenster stand schon ein Feuerwehrmann, der Piro ergriff und die Sprossen hinabtrug. Der Feuerwehrmann hatte Piro in den Armen, und Piro hatte den Hund in den Armen.
Zu dritt kamen sie unverletzt unten an. Der kleine Hund wich jetzt nicht mehr von Piros Seite.
Der Feuerwehrmann und der Besitzer des Hundes klopften Piro lächelnd auf die Schulter.

Der Feuerwehrhauptmann sagte: »Du hattest recht, mein Junge. Kleine Feuerwehrleute sind manchmal besser als große.«
Und der Hundebesitzer sagte: »Du hast meinen Hund gerettet, also gehört er dir. Wenn du willst, kannst du ihn behalten.«
Piro strahlte über das ganze Gesicht. »Und ob ich will!« rief er.
Und zärtlich trug er den neuen Freund nach Hause.

Am andern Tag malte Piro die Hundehütte grün an.
»Grün paßt eigentlich besser«, sagte er zum Hund.
Der Hund schaute ihm zu und wedelte mit dem Schwanz.

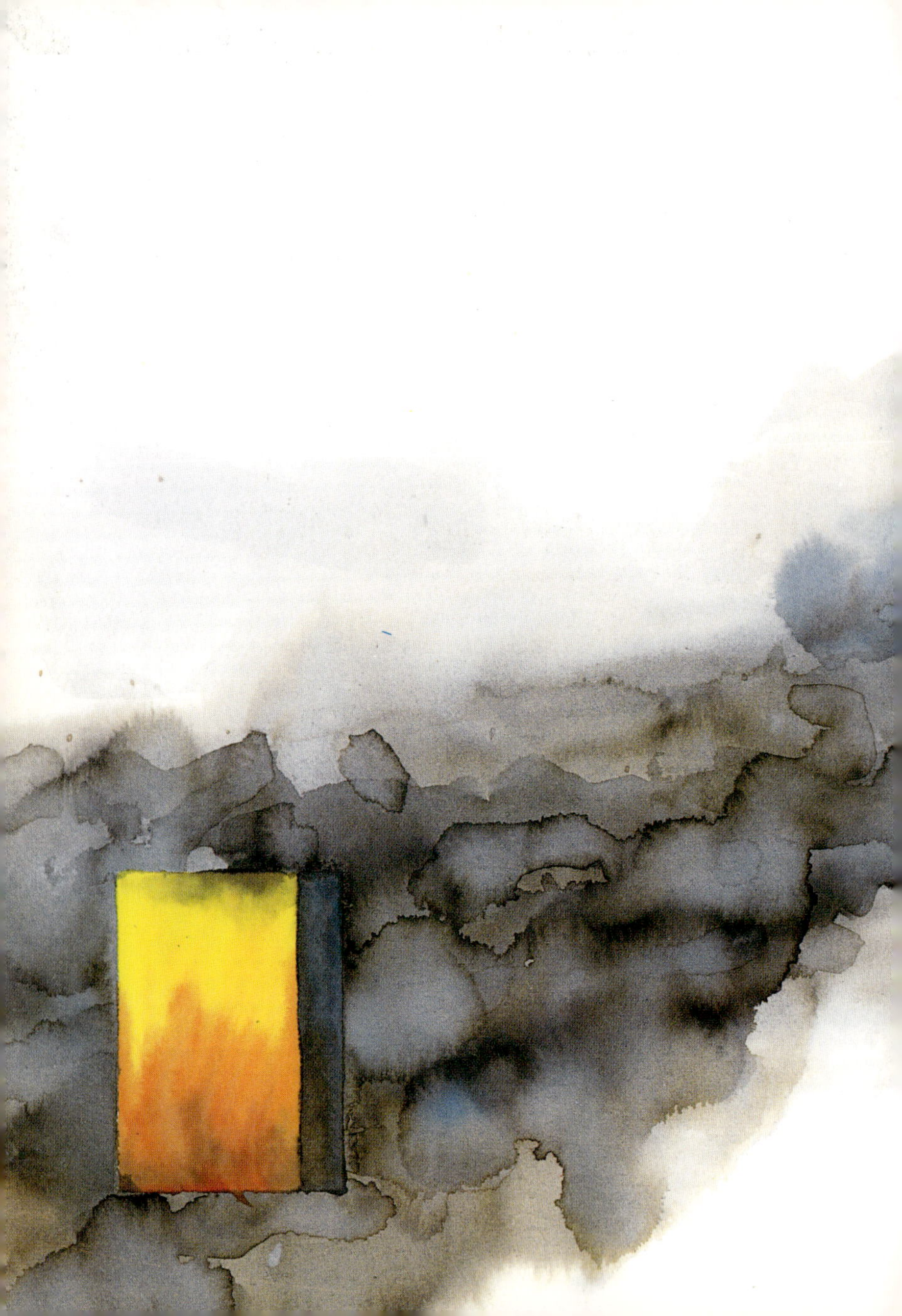